Gerhard Mester
Mensch, Franziskus

© 2015 St. Benno Verlag GmbH, Leipzig, Germany
All rights reserved.
www.st-benno.de

Translated by Park Gookbyung
Korean translation copyright © 2016 by Benedict Press, Waegwan, Korea.

Korean translation rights arranged with St. Benno Verlag GmbH.

이 책의 한국어판 저작권은 St. Benno Verlag GmbH와 독점 계약한 분도출판사에 있습니다.
저작권법에 의해 한국 내에서 보호를 받는 저작물이므로 무단 전재와 무단 복제를 금합니다.

인간 프란치스코
그림으로 만나는 특별한 교황님

게르하르트 메스터 글·그림 ● 박국병 옮김

분도출판사

들는 귀와 보는 눈, 이 둘도 주님께서 만드셨다.

(잠언 20,12)

새로운 리더십

여러분을 높이려고 나 자신을 낮춘다고 해서
내가 무슨 죄를 저질렀다는 말입니까?

(2코린 11,7)

네가 높아질수록 자신을 더욱 낮추어라.
그러면 주님 앞에서 총애를 받으리라.

(집회 3,18)

주님, 당신의 업적들이 얼마나 많습니까!
그 모든 것을 당신 슬기로 이루셨습니다.

(시편 104,24)

주님께 바라는 이들은 새 힘을 얻는다.
그들은 뛰어도 지칠 줄 모르고 걸어도 피곤한 줄 모른다.

(이사 40,31)

*하느님의 백성, 곧 교회를 뜻한다.

신자들은 모두 함께 지내며 모든 것을 공동으로 소유하였다.

(사도 2,44)

좋은 일을 하고 선행으로 부유해지고,
아낌없이 베풀고 기꺼이 나누어 주는 사람이 되라고 하십시오.
(1티모 6,18)

여러분은 모든 면에서 부유해져
매우 후한 인심을 베풀게 될 것입니다.

(2코린 9,11)

새로운 부활

너희가 겨자씨 한 알만 한 믿음이라도 있으면,
이 산더러 "여기서 저기로 옮겨 가라." 하더라도 그대로 옮겨 갈 것이다.
너희가 못할 일은 하나도 없을 것이다.

(마태 17,20)

군중 사이에서는 예수님을 두고 수군거리는 말들이 많았다.
"그는 선한 사람이오." 하는 이들이 있는가 하면,
"아니오. 그는 군중을 속이고 있소." 하는 이들도 있었다.

(요한 7,12)

너희는 자신을 위하여 보물을 땅에 쌓아 두지 마라.
하늘에 보물을 쌓아라.
사실 너의 보물이 있는 곳에 너의 마음도 있다.

(마태 6,19-21)

그분께서는 부유하시면서도 여러분을 위하여 가난하게 되시어,
여러분이 그 가난으로 부유하게 되도록 하셨습니다.

(2코린 8,9)

예수님께서는 성전에서 사고팔고 하는 자들을 모두 쫓아내시고, 환전상들의 탁자를 둘러엎으셨다. 그리고 말씀하셨다.
"'나의 집은 기도의 집이라 불릴 것이다.'라고 기록되어 있다."

(마태 21,12-13)

나는 마음이 온유하고 겸손하니 나에게 배워라.
그러면 너희의 영혼이 안식을 얻을 것이다.

(마태 11,29)

하느님의 영광스러운 능력에서 오는 모든 힘을 받아 강해져서,
모든 것을 참고 견디어 내기를 빕니다.

(콜로 1,11)

오만이 오면 수치도 오지만 겸손한 이에게는 지혜가 따른다.

(잠언 11,2)

나의 사랑하는 형제 여러분, 이것을 알아 두십시오.
모든 사람이 듣기는 빨리 하되,
말하기는 더디 하고 분노하기도 더디 해야 합니다.

(야고 1,19)

동료 중 첫째 (primus inter pares)

누구든지 자신을 높이는 이는 낮아지고
자신을 낮추는 이는 높아질 것이다.

(마태 23,12)

그러므로 내가, 너희 땅에 있는 궁핍하고 가난한 동족에게
너희 손을 활짝 펴 주라고 너희에게 명령하는 것이다.

(신명 15,11)

너희가 회개하여 어린이처럼 되지 않으면,
결코 하늘 나라에 들어가지 못한다.

(마태 18,3)

너희가 이 가장 작은 이들 가운데 한 사람에게 해 주지 않은 것이
바로 나에게 해 주지 않은 것이다.

(마태 25,45)

너희 가운데 죄 없는 자가 먼저 저 여자에게 돌을 던져라.

(요한 8,7)

"...교황의 자리!"

저의 하느님, 저는 당신의 뜻을 즐겨 이룹니다.
제 가슴속에는 당신의 가르침이 새겨져 있습니다.

(시편 40,9)

주님 안에서 늘 기뻐하십시오. 거듭 말합니다. 기뻐하십시오.

(필리 4,4)

게르하르트 메스터 Gerhard Mester

1956년 독일 베츠도르프에서 태어났다. 1978년부터 1984년까지 그래픽디자인을 전공한 이래, 「Deutsches Allgemeines Sonntagsblatt」 「Publik-Forum」 「Wiesbadener Kurier」 등 다양한 신문과 잡지에서 시사만화가로 활동하고 있다. 『진심으로 환영합니다』(공저), 『삶은 드넓은 바다와 같지…』(공저) 등의 작품집을 출간했고, 2012년에는 '독일 신문발행인협회'(BDZV)로부터 시사만화상을 받았다.

박국병

대전에서 태어났다. 대학에서 심리학을 공부했고, 현재 분도출판사에서 책을 만든다.

인간 프란치스코
그림으로 만나는 특별한 교황님

2016년 7월 1일 교회 인가
2016년 8월 4일 초판 1쇄

지은이	게르하르트 메스터
옮긴이	박국병
펴낸이	박현동
펴낸곳	성 베네딕도회 왜관수도원 ⓒ 분도출판사

등록	1962년 5월 7일 라15호
주소	39889 경북 칠곡군 왜관읍 관문로 61
전화	02-2266-3605(출판사업부) · 054-970-2400(인쇄사업부)
팩스	02-2271-3605(출판사업부) · 054-971-0179(인쇄사업부)
홈페이지	www.bundobook.co.kr

ISBN 978-89-419-1611-6 07230
값 9,800원